La colección LEER EN ESPAÑOL ha sido concebida, creada y diseñada
por el Departamento de Idiomas de Santillana Educación, S. L.
El libro *El secreto de Cristóbal Colón* es una obra original de Luis María Carrero
para el Nivel 3 de esta colección.

Edición 1994
Coordinación editorial: Silvia Courtier
Dirección editorial: Pilar Peña

Edición 2008
Dirección y coordinación del proyecto: Aurora Martín de Santa Olalla
Edición: Begoña Pego

Edición 2009
Dirección y coordinación del proyecto: Aurora Martín de Santa Olalla
Actividades: Nuria Vaquero
Edición: Mercedes Fontecha

Dirección de arte: José Crespo
Proyecto gráfico: Carrió/Sánchez/Lacasta
Ilustración: Jorge Fabián González
Jefa de proyecto: Rosa Marín
Coordinación de ilustración: Carlos Aguilera
Jefe de desarrollo de proyecto: Javier Tejeda
Desarrollo gráfico: Rosa Barriga, José Luis García, Raúl de Andrés

Dirección técnica: Ángel García
Coordinación técnica: Lourdes Román, Marisa Valbuena
Confección y montaje: María Delgado, Antonio Díaz
Cartografía: José Luis Gil, Belén Hernández, José Manuel Solano
Corrección: Gerardo Z. García, Nuria del Peso, Cristina Durán
Documentación y selección de fotografías: Mercedes Barcenilla
Fotografías: Algar; J. Lucas; ORONOZ; MUSEUM ICONOGRAFÍA/J. Martín; PRISMA
ARCHIVO FOTOGRÁFICO/Leemage; MUSEO NAVAL, Madrid; ARCHIVO SANTILLANA

Grabaciones: Textodirecto

© 1994 by Luis María Carrero Pérez
© 1994 by Universidad de Salamanca
© 2008 Santillana Educación
© 2009 Santillana Educación
Torrelaguna, 60. 28043 Madrid
En coedición con Ediciones de la Universidad de Salamanca

PRINTED IN SPAIN
Impreso en España por Unigraf S.L.

ISBN: 978-84-9713-111-7
CP: 125255
Depósito legal: M-31255-2011

El secreto de Cristóbal Colón

Luis María Carrero

español

Santillana
Universidad
de Salamanca

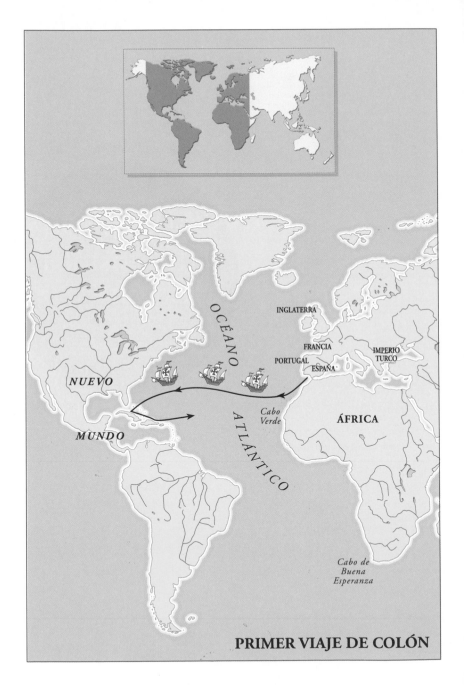

INGLATERRA

FRANCIA

PORTUGAL

ESPAÑA

IMPERIO
TURCO

OCÉANO

ATLÁNTICO

NUEVO

MUNDO

Cabo
Verde

ÁFRICA

Cabo de
Buena
Esperanza

PRIMER VIAJE DE COLÓN

Prólogo

EL 9 de mayo de 1453, el Imperio turco[1] se hizo dueño de la vieja ciudad de Constantinopla; para los países europeos, el comercio con Asia ya no era posible. Fue entonces cuando Portugal, abierto al Atlántico, empezó a buscar un nuevo camino por mar. El plan era sencillo, pero lento: seguir la costa[2] de África, encontrar el paso al Océano Índico, y desde allí ir hacia la India. En 1487, Bartolomé Dias dio la vuelta[3] al Cabo de Buena Esperanza: Portugal había encontrado su camino.

Por aquellas mismas fechas, un hombre llamado Cristóbal Colón intentaba conseguir la ayuda de los reyes españoles[4], doña Isabel y don Fernando, para probar un camino distinto: él quería ir siempre hacia el oeste, cruzando el Atlántico.

Durante mucho tiempo Colón no pudo convencer a nadie. Todos pensaban que era un viaje imposible: los que no creían todavía que la Tierra[5] era redonda, por supuesto, pero también los que sí lo creían; para estos, la distancia[6] entre Asia y Europa era demasiado grande. Sin embargo, por fin, en 1492, los Reyes Católicos[4] decidieron ayudar a Colón. Este cambio de opinión fue importantísimo porque el 12 de octubre de ese mismo año, tres barcos españoles encontraban tierra al otro lado del Atlántico. De esta manera, Europa había llegado a América.

Quinientos años después, muchos aspectos de esta aventura siguen poco claros. ¿Quién era en verdad Cristóbal Colón, y qué esperaba conseguir con ese viaje? ¿Cómo tuvo la original idea de llegar a Asia por el oeste? ¿Por qué conocía tan bien el camino que debía seguir? ¿Y por qué lo ayudaron los Reyes Católicos después de tantos años sin querer escucharlo? Todas estas preguntas tienen su respuesta en *El secreto de Cristóbal Colón*. Este libro presenta, en forma de novela –pero de acuerdo con la verdad histórica–, parte de la vida de Colón: desde que llega a Portugal, hacia 1475, hasta su salida con tres barcos españoles hacia América en el verano de 1492. Cuenta cómo al principio de la famosa aventura está el encuentro de Colón con un viejo marinero[7] que le enseñó el camino del oeste; y cómo, de esta manera, se decidió el futuro de España y del mundo entero. La existencia[8] de este personaje no es completamente segura, es verdad. Pero, para muchos historiadores*[9], es lo único que da sentido a las acciones de Colón y lleva luz a los rincones oscuros de la historia de su llegada a América.

---

* Ver, en particular, las obras de Juan Manzano Manzano, *Siete años decisivos de la vida de Cristóbal Colón (1485-1492)*; *Colón y su secreto*; *El predescubrimiento y Cristóbal Colón*, publicadas por Ediciones de Cultura Hispánica en 1966, 1976 y 1982, respectivamente.

I

LA noche caía lentamente sobre una playa de la costa portuguesa. La roja cara del sol todavía aparecía entre las nubes del cielo, y el mar tenía una luz oscura y triste, como un espejo roto en mil cristales. El viento empujaba las sombras hacia la tierra, mojada desde hacía días por una lluvia salada.

Al final de la playa se encontraba una pequeña casa de madera hacia la que iban tres personas, dos hombres y un niño. El pequeño corría cerca del mar tirando piedras al agua; los hombres andaban despacio, con pesadas bolsas llenas de pescado sobre sus espaldas. De repente, el niño, asustado, dio un grito. A su lado, en la arena, había visto algo extraño: el cuerpo de un hombre casi sin ropas y cogido a un trozo de madera. Todavía respiraba[10]. Lo levantaron con cuidado y lo llevaron rápidamente hacia la casa.

–Pobre hombre –dijo uno de los pescadores[11] mientras lo acostaban sobre una cama–. Parece que ha estado muchas horas en el agua. Gracias a Dios que todavía vive.

–Seguro que su barco se ha perdido por culpa del mal tiempo. Son muchos en estos últimos días los marineros que no consiguen llegar al puerto y desaparecen en el mar –recordó su compañero en voz baja.

Una mujer entró entonces en la habitación con una taza de sopa caliente entre las manos y se sentó en la cama, al lado del marinero. Este casi no podía beber; estaba demasiado débil. De repente levantó su mano derecha, hasta coger el brazo de la mujer.

—¡Lisboa! —repitió varias veces—. ¡Tengo que ir a Lisboa!

Luego, volvió a cerrar los ojos y se quedó profundamente dormido.

—¡Mirad! Hay un nombre escrito en este collar —dijo la mujer mientras se lo quitaba del cuello suavemente, para no despertarlo.

Uno de los hombres se acercó y lo miró con cuidado.

—Cristóbal —leyó por fin—. Se llama Cristóbal Colón.

* * *

Lisboa, año de 1476

La hermosa[12] ciudad del Tajo parecía una flor de río sobre el agua. Desde la terraza de una bonita casa, en la parte antigua de la ciudad, Colón miraba las calles llenas de gente y el puerto con sus barcos. No podía quitar los ojos de aquel maravilloso cuadro. Estuvo así durante horas, hasta que la noche cambió las luces por sombras y Lisboa empezó a dormir.

Dentro de la casa, en el salón, un hombre trabajaba enfrente de una gran mesa de madera, llena de libros, mapas y papeles. Era el hermano mayor de Cristóbal Colón, un conocido geógrafo[13] de Lisboa que escribía libros y hacía mapas para muchos marineros portugueses. Cristóbal lo miró y se sentó en silencio; no quería molestarlo. Los dos se parecían mucho: la misma manera de mirar, dura y nerviosa; la misma cara pálida, los mismos labios delgados...

Poco después, Cristóbal salió del salón y volvió con comida y una botella de vino.

—Trabajas demasiado, Bartolomé —dijo Cristóbal con una sonrisa—. Ven a cenar conmigo. Además, hoy es un día especial para mí.

Bartolomé cerró el libro y se levantó de la mesa con una alegre mirada.

–Sí, claro –contestó–. Hoy hace seis meses que llegaste medio muerto a Lisboa. Cuando te vi entrar por la puerta, no lo podía creer. ¡Y yo que pensaba que estabas en Génova[14], con nuestra madre!

Los dos hermanos callaron unos minutos, pensando en aquella casa donde habían vivido tan pobremente, con el poco dinero que sacaba el padre de su comercio de ropas. Y recordaron a aquel hombre sencillo, que tanto había soñado con el mar y los grandes viajes y que murió pidiendo a Dios un futuro mejor para sus hijos.

El primero en volver a sonreír fue Cristóbal.

–Sí, pero es que... hay algo más. Hermano, le he pedido a Felipa Moniz que se case conmigo.

–¿Y?

–Me ha contestado que sí.

–¡Cristóbal! No sabes cuánto me alegro. La suerte te acompaña, hermano. Estás aquí desde hace solo medio año, y ya has trabajado en varios barcos de Lisboa; y ahora, te vas a casar con la hermosa Felipa. ¿Qué más puedes pedir? ¿Os iréis entonces a vivir a la isla[15] de Puerto Santo?

–Sí, así lo hemos decidido. Además, como el padre de Felipa fue gobernador[16] de la isla antes de morir, será fácil encontrar allí gente de mar para hacer buenos negocios.

–¿Y eso es todo? –preguntó Bartolomé, bastante serio–. ¿No me dices nada más de la joven que pronto será tu mujer? ¿No crees que hay cosas más importantes en la vida que el dinero y los negocios? Tienes que dar gracias a Dios...

–¡Dar gracias a Dios! –gritó Cristóbal, que se levantó y empezó a pasear nervioso por la habitación–. Todas las noches, antes de dormir, hablo con Él como con un amigo. Sí, Dios me comprende mejor que nadie en este mundo; solo Él sabe las penas que he pasado en mi vida... Todavía recuerdo la triste mirada de nuestro padre en nuestra casa de Génova, cuando nos veía enfermos y con hambre... sin poder hacer nada por nosotros, solo trabajar y trabajar como un animal... Tú tampoco lo has olvidado, ¿verdad, Bartolomé? La vida no nos ha dado nada; todo lo que tenemos nos lo debemos a nosotros mismos, y claro, también a Dios. ¿Por qué no puedo soñar entonces con una vida cómoda y segura?

–Lo sé, Cristóbal –contestó Bartolomé–. Te comprendo muy bien. Era solo un consejo.

–Yo también te entiendo, hermano. No te preocupes. Seré un buen marido para Felipa.

Cristóbal llenó de vino dos copas y levantó la suya.

–¡Por nosotros! –dijo, mientras sus ojos se llenaban de una extraña luz–. Por nosotros, y el futuro de los Colón.

* * *

Pocas semanas después Cristóbal Colón se casó con Felipa Moniz. Los dos jóvenes se habían conocido gracias a Bartolomé, que desde tiempo atrás era amigo de la familia Moniz. El padre de Felipa, muerto hacía algunos años, había sentido siempre el mismo amor por el mar y los viajes que Cristóbal.

Puerto Santo era una pequeña isla del Atlántico. Descubierta hacía poco por los portugueses, al norte de Cabo Verde, en aquellos momentos era un sitio de necesario descanso para los barcos que seguían la ruta[17] de Guinea. Colón pensaba que, sin duda alguna, ese era buen sitio para empezar una nueva vida. Y no se equivocaba.

Felipa y Cristóbal llegaron allí en el año 1477. Vivir entonces en la isla era como encontrarse al final del mundo. Un lugar de grandes barcos y viejos marineros, de historias dulces y extrañas, a medio camino entre el sueño y el mundo real. Allí, en la casa de los Moniz, nació[18] Diego, el hijo de Felipa y Cristóbal. Y allí fue donde ocurrió algo que iba a cambiar toda la vida de Colón.

* * *

Una noche del mes de agosto, año de 1478, en la pequeña isla de Puerto Santo

Colón daba vueltas y más vueltas en la cama; no podía dormir por culpa del calor, húmedo y pesado. Esa misma tarde había vuelto de la isla de Madeira, donde había estado trabajando el último mes en algunos negocios. Estaba solo en la casa. Su familia lo esperaba en Lisboa, hacia donde él iba a salir unos días más tarde.

Las horas pasaban muy lentamente. Cristóbal se levantó de la cama y salió a la terraza. También el cielo, muy claro, parecía despierto. La luz de la luna vestía la isla con el color de los sueños. No había viento y nada se movía. Desde hacía varios días, aquellos lugares vivían como en una nube; el mar, extrañamente quieto, parecía una sábana de aceite.

De repente, una luz se encendió allí abajo, cerca de la playa. Después otra, y otra más. Parecía que todo el pueblo se estaba despertando. ¿Qué ocurría? Sin pensarlo dos veces, Cristóbal se vistió y bajó deprisa. En las calles había mucha gente.

—¿Qué ocurre? —preguntó Colón a un hombre que volvía de la playa.

—¡Hay unos marineros muertos en la playa!

El sol empezaba a salir, pero su luz, pálida todavía, no dejaba ver cuántos cuerpos había allí sobre la arena; tal vez eran diez, tal vez más. Los hombres los estaban recogiendo y los llevaban hacia el pueblo. Y Colón, con el miedo escrito en su mirada, recordó aquella noche, cuando él había llegado a Portugal y tan cerca de la muerte había estado también...

—¡Aquí! —gritó alguien desde el final de la playa—. ¡Aquí hay uno vivo!

Colón se acercó enseguida. Entre unas grandes piedras había un marinero mayor, vestido con un largo abrigo azul, con los ojos medio abiertos y la cara rota por el dolor. Cuando Cristóbal le dio la mano, él se la cogió fuertemente, intentando decirle algo.

—Tranquilo, amigo mío —contestó Colón—. Ahora tenéis[19] que descansar. ¡Llevadlo a mi casa! —gritó a los hombres de Puerto Santo que corrían hacia él.

—¡Decid al médico que vaya a casa de los Moniz!

Colón acostó al marinero en su cama, y con él, que casi no respiraba, esperó al médico. Este apareció enseguida. Cuando, dos horas más tarde, salió de la habitación, movía la cabeza de un lado a otro.

—No hay nada que hacer —dijo en voz baja—. Este hombre se muere. Puede vivir todavía unas pocas horas. Pero, sin duda alguna, morirá. Igual que sus otros compañeros.

Tres días después, el marinero seguía vivo. Colón se ocupaba de él en todo momento. Pero el médico tenía razón: aquel hombre estaba cada vez más débil. Era una vida que se apagaba poco a poco bajo el fuego de una extraña enfermedad. Aquella tarde, mientras el sol se escondía detrás del mar, empezó a respirar muy pesadamente; luego, de repente, dio un grito y dijo una sola palabra: «Cibao»[20].

Una y mil veces, durante la noche, escuchó Colón esa extraña palabra que el hombre repetía como un loco. Pero lo importante ocurrió durante la tarde del cuarto día. Se encontraba el genovés en el salón estudiando unos libros cuando oyó un ruido que venía del cuarto del enfermo. Su sorpresa no pudo ser mayor: el marinero había dejado la cama e intentaba llegar a la terraza.

—¡Dios mío! —gritó Cristóbal, mientras lo cogía por los brazos—. Deprisa, volved a la cama enseguida. ¿Qué es lo que queréis?

Pero cuando miró la cara del marinero, Colón se quedó sin palabras. Sus ojos eran duros como piedras y rojos como el fuego; parecían venir de otro mundo.

—¡El mar! —dijo con voz profunda el marinero—. El mar...

Colón levantó al enfermo, y sin saber lo que hacía, lo ayudó a llegar a la terraza. Allí delante estaba el Atlántico.

Durante unos momentos, Cristóbal creyó ver cómo una sonrisa aparecía en la cara del marinero. Entonces este levantó su brazo, muy lentamente, en dirección al sol, al oeste; y su mano se abrió un momento para cerrarse enseguida, como en un último intento por alcanzar aquel lugar donde el mar se hace cielo. Después, cayó en los brazos de Colón, que lo llevó de nuevo a la cama.

—No, no os vayáis —dijo entonces el enfermo a Cristóbal—. Ha llegado el momento de hablar.

—Será mejor que descanséis —contestó Colón.

—Tiempo tendré de descansar, dentro de poco. Ahora tengo algo que contaros. Decidme, ¿sois marinero? ¿Es esto Puerto Santo? ¿Y mis compañeros? ¿Están muertos?

Colón contestó a aquellas preguntas lo mejor que pudo. Le habló de su trabajo, de sus viajes, y le explicó que se encontraba en la casa de los Moniz.

—Yo conocí al gobernador —recordó el marinero—. Y estuve aquí, en su casa, más de una vez... Hablábamos de viajes... y de Guinea... más al sur, todavía más al sur...

Sus palabras se perdían. Casi no podía respirar. Colón abrió las ventanas y las puertas para dejar entrar el aire de la tarde. Trajo un vaso de agua y, después de beber, el enfermo pareció encontrarse un poco mejor.

—Vos[19] no me conocéis, ¿verdad? —le preguntó entonces el enfermo.

—No, señor, no os[19] conozco, pero...

—¿Habéis oído hablar de la *Santa Susana*?

–Sí... sí, creo que sí. Era un barco portugués que hacía viajes a Guinea y que hace unos dos años desapareció en el mar... La gente dice que sus hombres murieron en algún lugar de África, al sur de las Canarias...

–¡Morir! –gritó el marinero, con una risa horrible–. Sí, ya todos estamos muertos. Ahora escuchad bien lo que voy a contaros, porque Dios os ha elegido. Y solo vos conoceréis esta historia. Yo ya casi me he ido de este mundo... pero no quiero llevarme conmigo el secreto de la *Santa Susana*. Veréis, mi nombre ahora no tiene importancia. Nací en un pequeño pueblo de pescadores y era muy joven cuando empecé a trabajar como marinero en Portugal. Yo fui de los primeros en viajar por África, hacia Guinea, y en conocer todas las rutas de estos mares. Así llegué a ser piloto[21] de la *Santa Susana*. Hace dos años, a la vuelta de un viaje a Guinea, quisimos encontrar una nueva ruta hacia Portugal, más rápida que las otras. Pero, ya cerca de Cabo Verde, los vientos cambiaron de una manera muy extraña. El barco tomó de repente la dirección del oeste y nosotros no pudimos hacer nada para cambiarla. El barco iba más rápido que nunca, siempre hacia el oeste. Después de quince días así, mis hombres empezaron a asustarse. Sabían que nos encontrábamos en algún lugar del mundo que no conocía nadie, y que ya no era posible volver atrás. Cada mañana me preguntaban lo mismo: ¿qué nos esperaba al final de aquel viaje? Yo no lo sabía, no podía contestarles. La comida ya nos faltaba, estábamos preparados para morir, cuando entonces... Entonces, después de veinte o más días en aquel barco que no podíamos conducir... ¡vimos tierra!

Colón escuchaba en silencio la extraña historia, sin saber qué pensar. ¿Adónde había llegado la *Santa Susana* en su increíble viaje? ¿A Asia? Y, sin embargo, todo el mundo sabía que el mar era demasiado ancho entre Portugal y Asia... Tal vez aquel hombre se había vuelto loco, después de tantos días perdido en el mar. Pero ¿y si lo que contaba era verdad? ¿Y si era posible encontrar tierra al otro lado del gran Atlántico?

La voz del marinero se hizo cada vez más débil; hablaba de las extrañas gentes y lugares de un mundo distinto, de sus islas, de sus costumbres. Repitió muchas veces más aquel nombre, Cibao, un lugar de esas tierras donde había visto montañas de oro. Y ya no dijo otra cosa en toda la noche.

Cuando el sol iba a salir, el marinero volvió a llamar a Colón con la mano. Cristóbal se acercó para oírlo mejor.

—El abrigo —dijo lentamente el marinero—. Traedme el abrigo. Buscad el mapa. Ahora es vuestro[19]. Dios lo ha querido así.

Colón sacó varios papeles de los bolsillos. Enseguida vio entre ellos un mapa, viejo y sucio. En él estaba dibujada la ruta de un viaje por mar: la ruta de la *Santa Susana*. Los otros papeles eran cartas escritas por el piloto.

—«Alonso Sánchez de Huelva» —leyó Cristóbal en una de ellas—. ¿Es este vuestro nombre?

Pero el marinero ya no podía contestar. Su cuerpo sin vida descansaba al fin, con la mirada perdida en el mar.

II

Varios años habían pasado desde aquella noche en Puerto Santo. Cristóbal solo había contado la increíble historia de Alonso Sánchez a su hermano. Desde entonces, Bartolomé guardaba el mapa en su casa, para poder estudiarlo mejor. Quería conocer la ruta exacta de la *Santa Susana*.

Un día, a la vuelta de un largo viaje, Cristóbal visitó a su hermano. Lo encontró sentado en su mesa de trabajo, muy nervioso, entre una montaña de papeles, mapas y libros.

–Mira esto –le dijo Bartolomé, después de saludarlo–. Me lo ha traído hoy mismo el señor Martins, un amigo de tu suegra.

–¿Qué son esos papeles?

–Unas cartas que le escribió el famoso geógrafo italiano Toscanelli[22], hace ya algunos años. En ellas, Toscanelli explica a Martins la manera de viajar a Asia por el Atlántico, hacia el oeste.

Cristóbal se sentó y cogió las cartas. Las leyó varias veces, cada vez con más interés. Su sorpresa era enorme.

–Esto es increíble, Bartolomé –dijo al final–. Muchas veces, las palabras de Toscanelli son casi iguales a las del piloto Alonso Sánchez. Mira aquí, cuando habla del oro que hay en la isla de Cipango[23]; tal vez es el mismo lugar que Cibao...

A la vuelta de un largo viaje, Cristóbal visitó a su hermano. Lo encontró sentado en su mesa de trabajo, muy nervioso, entre una montaña de papeles, mapas y libros.

–Eso quiere decir –contestó Bartolomé– que la *Santa Susana* llegó a Asia por occidente. ¡Y sus pobres hombres nunca lo supieron! Es la única explicación posible.

–Mira, además, este mapa de Toscanelli. ¿No crees que es bastante parecido al mapa del piloto?

–También yo lo he pensado –contestó Bartolomé–. Martins me contó que había enseñado las cartas de Toscanelli al rey Juan II[24]; pero en la corte[25] nadie comprende la importancia de esto. Los portugueses creen que solo hay un camino para llegar a Asia: dar la vuelta a África, y seguir hacia el este; y no quieren saber más.

–¡Pero ahora nosotros sabemos que Toscanelli tiene razón! –dijo Cristóbal–. Sabemos que hay una ruta mucho más segura y rápida hacia las ricas tierras de Asia. ¿Te das cuenta, Bartolomé? ¡Este mapa puede hacer de nosotros los hombres más ricos y famosos del mundo! Solo nos falta ya la ayuda del Rey; él nos dará todo lo que necesitamos para hacer el viaje.

Pero Bartolomé no estaba tan seguro como su hermano.

–El asunto es muy difícil, Cristóbal. Si alguien más ve el mapa y aprende esta ruta hacia Asia, harán el viaje sin ti; ya no serás necesario para el Rey, ni te dará lo que pides. Pero ¿cómo vas a convencerlo sin enseñarle el mapa?

Cristóbal sabía que su hermano tenía razón: nadie más que ellos dos debía conocer su gran secreto, la historia de la *Santa Susana*. Pero tenía que hablar con el Rey, y conseguir su ayuda. Sin ella no podían hacer el viaje.

Durante las siguientes semanas, Bartolomé y él trabajaron sin parar. Usando libros y mapas de otros geógrafos, escribieron un proyecto[26] del viaje para la corte portuguesa. En este proyecto no contaban nada de la *Santa Susana*, ni del piloto, ni del mapa. Al final, todo parecía una idea original de Cristóbal Colón. Llegaba el momento de la verdad: presentar el proyecto a don Juan II, rey de Portugal.

* * *

Lisboa, año de 1485

Por los pasillos de un rico palacio[27] andaba el ministro[28] Da Silva[29], con varios mapas y papeles debajo del brazo.

—Vengo a ver al Rey —le dijo al hombre que estaba de pie al lado de una gran puerta de madera.

Este empujó la puerta y entró en un enorme salón. Volvió poco después.

—Su Majestad[30] lo está esperando —dijo.

El ministro encontró a don Juan sentado delante de una mesa, mirando hacia la ventana.

—Entrad, Da Silva —saludó el Rey—. ¿Algo importante?

—El proyecto de Cristóbal Colón, Majestad.

—Ah, eso me interesa. Venid, sentaos a mi lado y contádmelo.

—El Consejo[31] ha estudiado este extraño proyecto durante semanas, señor —empezó Da Silva, mientras abría sobre la mesa los mapas que había traído—. Hemos hablado con los geógrafos, profesores y pilotos más famosos del país.

—¿Y bien?

—Majestad, todos estamos de acuerdo: el plan es imposible.

El Rey se puso en pie y paseó por la habitación.

—No es la primera vez que alguien habla de una ruta por el oeste —contestó don Juan.

—Cierto, Majestad. Pero es solo una historia de marineros con mucha imaginación. Varios de nuestros hombres ya intentaron encontrar esa ruta hace algunos años, y no pudieron. El mar es demasiado ancho entre Portugal y Asia; todos los geógrafos, menos Toscanelli y algún otro, están de acuerdo en esto. Ningún barco podrá pasar tantos días en el mar.

–Y sin embargo, ese Colón parece muy convencido.

–También pide mucho dinero y grandes privilegios[32] –recordó Da Silva.

–Sí, y también me parece extraño. Él no es más que un marinero extranjero... Si pide tanto, es porque está completamente seguro...

–O porque sueña mucho, Majestad, y Portugal no puede vivir de sueños. Señor, ya sabemos cuál es el camino de la India; dentro de poco alguno de nuestros barcos dará la vuelta a África y llegaremos allí. No necesitamos planes como el de Colón.

–Supongo que tenéis razón –dijo el Rey, después de un largo silencio–. De todas maneras, sed amables con el genovés. Decidle que su plan no nos interesa por el momento; pero que lo estudiaremos de nuevo en el futuro, si se decide a ser más claro. Tal vez así lo entenderemos mejor.

–Así será, Majestad.

* * *

Bartolomé subió lentamente las escaleras de su casa. Las puertas estaban abiertas. En el salón había un grupo de personas hablando en voz baja; en la habitación, otras lloraban en silencio alrededor de una cama sobre la que se encontraba el cuerpo de Felipa Moniz. Allí estaba, tumbada, vestida de blanco, con los ojos cerrados y los brazos cruzados sobre el pecho.

Bartolomé se acercó a ella mientras recordaba con dolor que, hacía solo quince días, aquel cuerpo había estado lleno de vida. Todavía nadie podía entender por qué había muerto Felipa. Pero una extraña enfermedad la había matado en menos de dos semanas; los médicos no habían podido hacer nada.

–¿Y Cristóbal? –preguntó Bartolomé en voz baja.

–Está solo, en la terraza –le contestó una mujer–. No quiere hablar con nadie.

Bartolomé salió despacio a la terraza. Vio a su hermano de espaldas, en un rincón, y se quedó quieto. No sabía qué hacer; tenía algo muy importante que contar a Cristóbal, algo que no podía esperar. Pero ¿cómo darle una mala noticia en ese momento?

–No tengas miedo, Bartolomé –dijo entonces Cristóbal, sin darse la vuelta–. Es igual; ya sé lo que vienes a decirme. Nada tiene importancia ya.

–¿Cómo lo has sabido?

–Las noticias vuelan –contestó su hermano–, sobre todo si son malas.

Bartolomé respiró profundamente antes de hablar.

–El Consejo ha estudiado el proyecto durante semanas –explicó–, pero todos creen que nuestros cálculos[33] son falsos. Solo la ruta de África les parece posible. Tal vez si cambiamos algunos detalles...

Cristóbal no contestó. Su hermano le puso la mano sobre la espalda y así estuvieron los dos un buen rato, en silencio.

–¿Qué vas a hacer ahora? –le preguntó Bartolomé al fin.

–No lo sé. He sido muy feliz aquí. Todo iba tan bien, hasta que... Pero ahora lo más importante es Diego. Él es solo un niño, y necesita una familia. Voy a llevarlo a España, a Huelva, donde vive Violante, la hermana de Felipa. Allí estará mejor... y yo... no sé... me quedaré un tiempo con mi hijo. Después...

Y Colón volvió muy despacio hacia la habitación, mientras sus ojos, rojos de tanto llorar, se despedían por última vez del cuerpo de Felipa y de la hermosa ciudad de Lisboa.

III

DESDE el final del barco un marinero gritó: «¡Puerto de Palos!».
A su lado, un hombre que llevaba un niño en brazos se puso lentamente en pie.

–Despierta, Diego. Ya hemos llegado.

–Tengo sueño –dijo lentamente el niño, todavía con los ojos cerrados.

Otro marinero los ayudó a bajar del barco.

–Hasta pronto, Cristóbal –se despidió–. ¡Y suerte!

–Gracias, Dalmao –contestó Colón–. Has sido muy amable con nosotros.

Colón y su hijo salieron del puerto y se metieron en el pequeño pueblo de Palos. Era casi de noche; la fría noche de un mes de marzo en un país extranjero. No había nadie por las calles.

–Es muy tarde para ir a Huelva –dijo Colón para sí–. ¿Tienes hambre, Diego? –preguntó después a su hijo.

El niño movió la cabeza y cogió fuertemente la mano de su padre.

–No te preocupes. Ya verás; vamos a entrar en aquella iglesia y preguntaremos si nos pueden ayudar.

Una vez allí, el cura les contestó que había un monasterio[34] a la salida de Palos donde podían pasar la noche.

Cuando Cristóbal y Diego llegaron a aquel lugar ya era completamente de noche. La luz de la luna caía suavemente sobre el edificio, que apareció delante de sus ojos entre los negros árboles de un bosquecillo. Colón llamó a la gran puerta de madera. Después de un largo rato, un fraile[35] les abrió.

—No queremos molestar, padre[35] —dijo Cristóbal al viejo fraile que los recibió—. Somos dos extranjeros que van hacia Huelva; mi hijo está muy cansado por el largo viaje que hemos hecho. No conozco esta tierra; solo queremos un lugar sencillo donde pasar la noche, y mañana...

—Tranquilo, hijo mío —contestó el fraile mientras los hacía entrar—. Ya tendremos tiempo de hablar. Vamos a la cocina; un poco de sopa caliente os hará bien en esta noche tan fría. El viaje ha terminado; esta es vuestra casa.

* * *

Unas semanas después, Cristóbal y Diego seguían todavía en el monasterio de La Rábida. Allí la vida les parecía tan agradable que Colón no tenía ninguna prisa por ir a Huelva, a casa de la hermana de Felipa. Prefería pasar un tiempo en el monasterio, hasta olvidar aquellas últimas semanas en Portugal, de tan triste recuerdo. Quería volver a sentirse tranquilo para poder empezar a pensar en el futuro.

Había, además, otra razón para quedarse en La Rábida: ese buen fraile que los había recibido la primera noche, fray[35] Antonio de Marchena, era un geógrafo y astrónomo[36] muy conocido en esos lugares. Cuando supo que Cristóbal era marinero, empezó a preguntarle por sus viajes. De esta manera, entre la tranquilidad del monasterio y las interesantes conversaciones con fray Antonio, Colón volvió a pensar en su proyecto para viajar a las

—No queremos molestar, padre —dijo Cristóbal al viejo fraile que los recibió—. Somos dos extranjeros que van hacia Huelva; mi hijo está muy cansado por el largo viaje que hemos hecho.

Indias[37]. Cada día que pasaba se decía a sí mismo: «No puedo ser tan pesimista; tengo que conseguirlo. Pero ¿por dónde empezar?».

Y así, un buen día, Colón decidió contarle su secreto a fray Antonio de Marchena. La sorpresa del fraile cuando vio el mapa fue enorme. Recordaba que algunos marineros de Palos y de otros pueblos próximos le habían contado alguna vez historias sobre tierras al oeste que no conocía nadie todavía. Ahora, viendo los papeles que el viejo marinero había dejado a Colón, empezaba a pensar que aquellas noticias podían ser ciertas. Colón le habló entonces de su proyecto, de cómo lo habían presentado él y su hermano en Portugal, y de lo que les había contestado el Consejo de Juan II.

—Aquellos hombres no supieron pensar en nada más que en los mapas y números conocidos por todos —dijo Colón con voz triste—. ¿Cómo puedo conseguir que cambien de opinión?

—¿Y por qué piensas solo en los portugueses? —le preguntó el fraile—. ¿Por qué no enseñas tu proyecto a doña Isabel y a don Fernando?

—No es tan fácil, fray Antonio. ¿Creéis que no he pensado ya en ello? En Portugal pude hablar con el Rey porque la familia de mi mujer era muy importante; pero aquí... ¿Cómo voy a presentarme en la corte española, mal vestido, con mis mapas debajo del brazo?

—Todo tiene solución. Yo solo soy un fraile de este pequeño monasterio; pero conozco a otros frailes que viven en la corte. Si les hablo de ti, pronto podrás presentar tu proyecto a los Reyes.

—¿Es cierto eso, fray Antonio? —le preguntó Colón.

—Tú has descubierto algo que puede ser muy importante para nuestro país. Te prometo que siempre guardaré tu secreto; solo quiero ayudarte en lo posible. Tenemos que intentarlo, amigo Cristóbal. Tenemos que intentarlo.

Carta de Cristóbal Colón a su hermano Bartolomé

Salamanca, a 17 de enero de 1487

Mi querido hermano:

¡Hace tantos meses que no sabes nada de mí! El tiempo pasa demasiado deprisa; muchas veces he querido hablarte de mis asuntos en este país, y pedirte consejo. Pero ahora tu ayuda es más importante que nunca, por eso te escribo. Bartolomé, tienes que venir a España; te necesito a mi lado en estos momentos tan difíciles.

En mi anterior carta ya te contaba cómo, con la ayuda de fray Antonio de Marchena, pude llegar a la corte de los Reyes Católicos y presentarles nuestro proyecto. Fray Antonio es, sin duda, el mejor de los hombres y mi único amigo en esta triste tierra de extraños.

Los Reyes me recibieron pronto, pero no fueron muy amables durante nuestra corta conversación. Aquí todo el mundo está demasiado ocupado con la guerra³⁸ de Granada. Quieren que los últimos musulmanes³⁹ salgan de la península Ibérica y eso es lo único importante para ellos.

Los grandes señores de la corte creen que nuestro plan es una aventura de locos, y que España no debe gastar ni tiempo ni dinero en los sueños de un pobre extranjero como yo. De todos modos, hace poco tiempo, los Reyes organizaron una Junta⁴⁰ en Salamanca para discutir nuestra idea. En la Junta hay geógrafos, marineros y ministros del Consejo. Yo he hablado con ellos muchas veces, pero empiezo a pensar que no sirve de nada. Solo soy un marinero; muchas veces no entiendo lo que dicen esos hombres, ni sus cálculos y números. Por eso te necesito aquí, querido hermano. Tú conoces nuestros libros y mapas mejor que yo.

Todavía hay tiempo, si vienes pronto. Ayúdame, Bartolomé. Te estaré esperando.

Algunas semanas más tarde, Bartolomé Colón llegaba a Salamanca, donde encontró a su hermano profundamente triste, solo en medio de la corte, pobre y muy pesimista.

Los dos viajaron juntos a Córdoba, hacia donde los Reyes, acompañados de la Junta, habían salido unos días antes.

De nuevo escucharon los españoles las explicaciones de Cristóbal y esta vez también las de su hermano, pero no se dejaron convencer. Además, lo primero era Granada. El plan de los Colón podía esperar. Y Bartolomé volvió a Lisboa, muy preocupado por la suerte de su hermano, que se quedaba en Córdoba esperando una nueva decisión de la corte.

* * *

La vida en la ciudad de Córdoba no le era fácil a Colón. Intentaba ganar un poco de dinero vendiendo libros y mapas, pero no siempre conseguía lo necesario. Por suerte, tenía algunas personas conocidas que, a veces, lo ayudaban e invitaban a comer o cenar en sus casas.

Una de ellas era Luciano Esbarroya, genovés como él, que había llegado a Córdoba hacía ya algunos años. Este tenía con su hermano Leonardo una farmacia en la que organizaban fiestas hasta altas horas de la noche. Y fue allí, una tarde de verano de 1487, donde Cristóbal conoció a Beatriz Enríquez, una joven increíblemente hermosa. El amor entre ellos nació enseguida.

A partir de aquella ocasión los dos empezaron a verse, pero siempre en lugares escondidos porque la familia de Beatriz no tenía muy buena opinión de Colón.

Una tarde de finales del verano, en que los padres de la joven habían salido de la ciudad, salieron al campo a pasear. Hacía muchísimo calor y, poco a poco, el cielo se llenó de grandes nubes negras. Pronto empezó a caer una fortísima lluvia.

—¡Sígueme! —le gritó entonces Beatriz a Cristóbal—. Conozco un buen sitio para esta ocasión.

Al final del camino había un viejo castillo[41], olvidado por todos desde hacía mucho tiempo. Dentro encontraron un rincón seco, cerca de un gran balcón de piedra.

—Voy a encender un fuego —dijo Cristóbal, recogiendo algunos trozos de madera del suelo.

Mientras, Beatriz se había sentado en el balcón y miraba por la ventana. Desde allí podía ver cómo el río corría por los campos, hasta perderse entre la niebla de los bosques. Más arriba, parecía que el cielo empezaba a romperse en mil pedazos. Las nubes giraban rápidamente con un ruido largo y profundo, como voces que venían de otro mundo.

—Acércate al fuego —dijo suavemente Cristóbal—. ¿Tienes miedo?

Una mirada triste cruzó por los ojos de la joven.

—Me asustan más otras cosas —contestó—. Me asustan todos los secretos que tienes dentro de tu cabeza y que nunca quieres contarme. Me asusta ser una persona extraña para ti. Y me asusta más todavía no saber si mañana estarás aquí, a mi lado...

Colón tiró un trozo de madera al fuego y dándose la vuelta dijo:

—Tus palabras me duelen, Beatriz. Pero no puedo prometerte nada. Solo hay una cosa importante en mi vida, algo que tú no conoces, algo que tengo que conseguir. Yo te quiero, Beatriz; pero ni tú ni nadie cambiará mis planes. Lo siento, pero es así.

Los dos guardaron silencio durante un buen rato. El ruido de la lluvia parecía entonces más fuerte, y también más triste.

En ese momento Beatriz se acercó a Cristóbal, hasta tocar su cara y besar sus labios.

—Yo también te quiero, Cristóbal. Y eso es ahora lo único importante para mí.

IV

VARIOS meses pasaron. Colón esperó, inútilmente, noticias de los Reyes Católicos. Volvió a la corte con su proyecto y le repitieron que lo más importante era la guerra de Granada. Volvió una y otra vez, y ya solo le contestaron con silencios, hasta que parecieron olvidarlo por completo. En la Navidad del año de 1487, recibió una nueva carta de su hermano con noticias todavía peores: un famoso marinero portugués, Bartolomé Dias, había dado por fin la vuelta a África. El camino del este hacia la India estaba abierto.

Ese mismo año, Bartolomé Colón decidió viajar a Inglaterra para presentar el proyecto al Rey de aquel país. Pero Inglaterra no pensaba entonces en esos asuntos y allí tampoco se interesó nadie por las ideas de los hermanos Colón.

Mientras, Cristóbal volvió a Lisboa, cansado de esperar la decisión de la corte española. Allí, durante la primavera de 1488, habló otra vez con el rey Juan II, que siempre había sentido interés por sus ideas. Y durante algún tiempo quiso creer que todavía iba a poder hacer su viaje a las Indias, con Portugal quizás...

Estaba todavía en Lisboa cuando Colón tuvo noticias de que, el 15 de agosto, Beatriz Enríquez había tenido un hijo suyo. Dudó. ¿Qué debía hacer? ¿Volver inmediatamente a Córdoba? ¿Volver cuando la corte portuguesa estaba estudiando su proyecto? No, no podía. Quería a Beatriz, sabía que no le iba a perdonar, pero tenía que quedarse en Lisboa al lado de su hermano, esperando la respuesta del Rey.

Cristóbal Colón esperó durante muchas semanas hasta que llegó la mala noticia. Los ministros de Juan II no habían cambiado de opinión. ¿Y por qué iban a hacerlo después de los viajes de Bartolomé Dias? Así que Colón no tenía nada que hacer en Portugal. De una manera u otra, su vida y su futuro estaban en España.

* * *

Cristóbal Colón volvió a Córdoba un frío día de invierno. El cielo estaba nublado, tenía un feo color de agua sucia. En el camino hacia la casa de Beatriz pasó por delante de la farmacia de los Esbarroya. Estaba cerrada. Recordó con tristeza aquel patio, aquella tarde en que por primera vez había hablado con la joven.

Enseguida se encontró delante de la casa de los Enríquez. De ella salía en ese momento un hombre alto y elegante: era Rodrigo de Arana, un primo de Beatriz, bastante mayor que ella, que Colón recordaba haber visto muchas veces en aquellas reuniones con los Esbarroya. Rodrigo pasó a su lado sin verlo y Cristóbal dio lentamente la vuelta a la casa. En la parte de atrás había una entrada que conducía a un pequeño jardín. La puerta estaba medio abierta y solo tuvo que empujarla suavemente para entrar. Lo primero que vio fue a Beatriz, sentada en un banco, con un niño en los brazos, mientras le cantaba una dulce canción. Parecía cansada. Ya no era la niña hermosa y alegre que había conocido. Su aspecto era ahora mucho más serio y duro.

En aquel momento ella levantó la mirada y vio al hombre en la puerta. Un grito de sorpresa salió de sus labios. Cristóbal intentó acercarse, pero ella lo empujó hacia atrás.

–¿Qué haces tú aquí? –le preguntó con voz seca.

–He venido a verte, Beatriz. A ti... y a nuestro hijo.

–Ahora no –dijo sin mirarlo–. Te fuiste de mi vida, y ya es demasiado tarde para volver.

–¡Demasiado tarde! –dijo Colón, asustado por aquellas palabras–. ¿Qué quieres decir? Beatriz, estoy aquí; he venido a Córdoba cuando me ha sido posible. Tienes que entenderlo. Debo ir a todas partes, de un lado a otro, hasta conseguir ayuda para mi viaje. Si me quedo aquí, a esperar noticias, nunca lo conseguiré. Por eso no volví antes de Lisboa.

–¿Y qué ocurre entonces conmigo? –gritó Beatriz–. ¿Y con tu hijo? ¿Qué hacemos nosotros: esperarte aquí, para verte una vez cada año?

–Crees que solo pienso en mí –contestó Colón–, pero te equivocas. También pienso en Diego, mi hijo, que vive en Huelva con sus tíos y que casi no se acuerda de mí... ¡Y en nuestro hijo! ¿Qué va a ser de ellos? Dios ha querido darme un secreto único y maravilloso, algo que cambiará el mundo, que nos hará ricos y famosos para siempre... ¿Y tú piensas que puedo olvidarme de todo para quedarme aquí?

El grito de Colón se perdió en la lluvia que había empezado a caer bastante fuerte. El niño lloraba.

–No sé si estás preocupado por tus hijos, como dices, o si solo piensas en ti –dijo Beatriz después de un largo silencio–. Ya es igual. Pero me das pena, Cristóbal. Ya no tienes dinero, ni casa, ni amigos; y estás perdiendo a tu familia... por correr detrás de un sueño. Estás loco, Cristóbal. Sal de esta casa y no vuelvas a ella nunca más.

–¡Beatriz!

La joven se fue hacia la casa. Cuando llegó a la puerta, se dio la vuelta y miró a Colón por última vez.

* * *

Otoño de 1491

El sol se escondía entre las nubes rojas, como una herida abierta al final del cielo. Poco a poco aparecieron otros colores más oscuros, hasta que los negros dedos de la noche apagaron las últimas luces. Por la playa paseaba un hombre; de vez en cuando se quedaba quieto, mirando un lugar perdido a lo lejos, en el mar. Parecía cansado. Luego llegó al puerto y cogió un camino que lo llevaba lejos de Palos, entre los árboles de un bosquecillo. Allí se encontraba un viejo edificio, el monasterio de La Rábida. Una luz apareció en una ventana y por fin una voz preguntó:

–¿Quién llama?

–Soy yo, fray Antonio... Cristóbal Colón.

–¡Dios mío!

De esta manera volvía Colón al lado de su querido amigo fray Antonio de Marchena, que tanto lo había ayudado en el pasado. ¡Qué distinto era todo de aquella primera noche, hacía ya seis años! Cuando fray Antonio abrió las puertas, se encontró con un hombre mucho más viejo y cansado. Tenía el pelo blanco, llevaba una barba larga, y sus ropas estaban sucias y rotas.

Igual que entonces, fray Antonio lo llevó a la cocina; allí estaba fray Juan Pérez, que le preparó algo de comer. Después, los tres hombres se sentaron alrededor de una mesa. Los frailes observaban a Colón con una mirada de profunda pena, mientras el genovés comía sin parar.

–¿Qué ha ocurrido, Cristóbal? –preguntó fray Antonio al final.

Colón lo miró y respiró profundamente.

–He venido a despedirme de vosotros y de mi hijo Diego, que está en Huelva con sus tíos –contestó–. Salgo en un barco para Francia dentro de pocos días.

–Pero ¿cuánto tiempo estarás allí?

—Creo que no volveré nunca más a este país —dijo Colón con voz amarga.

Y entonces le contó a fray Antonio su triste vida de los últimos años: el hambre y las mil visitas a la corte, siempre peleando por lo mismo. Le habló del silencio de los Reyes, de las bromas de los ministros, de las risas de todos, que ya tenían costumbre de llamarlo «el genovés loco». Le dijo que estaba cansado, convencido al fin de que nadie lo iba a creer. Y le habló también, casi llorando, de Beatriz y del hijo de los dos, Hernando, a los que hacía ya dos años que no veía. «Los he perdido para siempre —repetía—, los he perdido para siempre.»

Desde el fondo de la cocina, sentado cerca del fuego, fray Juan Pérez escuchaba aquella conversación en silencio. En tiempos pasados, él había sido cura en la corte de la reina Isabel; por eso, aquella historia le empezó a interesar. Y como fray Antonio y el genovés estaban hablando en voz alta, pudo adivinar poco a poco el secreto de Colón. Lo descubrió[42] todo: los viajes de aquel piloto sin nombre, el mapa con la ruta hacia las Indias, que solo Colón conocía... «España no puede perder esta increíble ocasión —pensaba fray Juan una y otra vez—, la Reina tiene que saberlo todo.» Ya lo había decidido: tenía que ir enseguida a la corte y contarle el secreto de Colón.

Unos días después, fray Juan bajó al pueblo y compró un caballo. Y cuando llegó la noche, salió del monasterio de La Rábida hacia Granada, donde se encontraban los Reyes. Allí, la Reina lo recibió y lo escuchó. Tanto se interesó que le dio al fraile un dinero para Colón y le dijo, por fin, «¡Que venga a verme antes de fin de año!».

* * *

Colón llegó a Granada en la Navidad de 1491. La guerra estaba terminando. En pocos días, los Reyes Católicos entraron en la ciudad; era el fin de los musulmanes en la península Ibérica.

En contra de los consejos de sus ministros la reina Isabel recibió a Colón. Y para sorpresa del genovés, lo recibió sola, sin ninguna otra compañía. Hablaron largo rato en una pequeña habitación. Ella se acordaba de todo lo que fray Juan le había dicho semanas antes, palabra por palabra. Sabía que Colón tenía noticias seguras de que alguien había llegado a las Indias por la ruta del oeste.

—Así pues, no nos habéis contado toda la verdad. ¿Qué decís? ¿Cómo conocéis esa famosa ruta?

Colón bajó la mirada.

—Todo está en el proyecto, Majestad.

—Los hombres de mi Consejo piensan que vuestro proyecto es malo —le contestó la Reina—. También lo creen los geógrafos de Portugal, y también los de Inglaterra. Todos vuestros cálculos son falsos, y yo creo que vos lo sabéis.

—También los Consejos pueden equivocarse. Portugal ya ha encontrado un camino hacia Asia; pero mi ruta es mucho más rápida y segura. Majestad, mi plan es una ocasión única para España. Tenéis que elegir entre vuestros ministros y mis ideas.

—Eso intento, genovés; pero no queréis contestar a mis preguntas. Los cálculos del proyecto que nos habéis dado no son exactos, pero tenéis otras razones para creer en esta ruta nueva. ¿Cuáles son? Quiero saber ya lo que no habéis contado hasta ahora.

Colón comprendió que había llegado el momento de decir la verdad y le contó a doña Isabel la historia del viejo piloto.

—Si esta historia es cierta —dijo la Reina al final—, os ayudaremos. Pero antes tenéis que enseñarme vuestro mapa. Los hombres del Consejo querrán verlo, si deben cambiar de opinión sobre vuestro proyecto.

Cuando Colón escuchó estas palabras se puso en pie.

—Majestad, eso es imposible. El secreto de ese mapa es lo más importante en mi vida. Ningún otro marinero o geógrafo puede ver lo que hay en él. Solo yo, Cristóbal Colón, conozco la ruta del oeste.

—*Así pues, no nos habéis contado toda la verdad. ¿Qué decís? ¿Cómo conocéis esa famosa ruta?*
Colón bajó la mirada.

Y nadie más la conocerá durante mi vida. Si queréis llegar a las Indias, tendrá que ser conmigo, con nadie más.

—Creo que no lo entendéis, Colón —contestó muy seria la Reina—. Me pedís barcos, marineros y dinero; y tantos y tan grandes privilegios, que si descubrís esa ruta, seréis uno de los hombres más ricos del país. Todo eso me pedís, pero solo me presentáis una historia imposible, además de mentiras. ¿Cómo voy a creeros, si no me enseñáis ese mapa?

—Lo siento, Majestad —dijo Cristóbal en voz baja—. Pero no puedo.

—Pensadlo bien, Colón —repitió la Reina—. No tendréis otra ocasión.

—Tal vez, señora —contestó Colón—. Pero también es la última ocasión para España. El rey de Francia me ha invitado amablemente a su país. Sé que no tendrá tantos problemas como los españoles para creerme.

Doña Isabel se levantó, enfadada por las palabras de Colón.

—Si así lo habéis decidido, genovés —le dijo con dura voz—, marchaos de nuestra tierra y no volváis nunca más.

Sin decir palabra, salió Colón de la habitación. Fuera, lo esperaba su caballo. Cruzó lentamente la ciudad y ya en los campos de alrededor, con una mirada triste y amarga, mirando atrás, se despidió de la hermosa Granada y de muchos sueños. Su única idea ahora era llegar lo más rápido posible a Palos y coger un barco para Francia. Quería olvidarlo todo; olvidar los últimos siete años que había pasado en España, siete años inútiles y llenos de dolor...

De repente, Colón oyó un grito a sus espaldas. Miró detrás y vio a dos hombres que venían a caballo hacia él. Uno de ellos era Juan Cabrero, amigo del rey don Fernando. Colón había charlado con él en varias ocasiones. Cabrero llegó a su lado y le dio la mano con una sonrisa.

–¡Gracias a Dios! ¡Os he encontrado! –le dijo a Cristóbal–. Tenéis que volver inmediatamente a Granada. Los Reyes os esperan.

–He estado con la Reina hace unos momentos –contestó Colón– y no tengo nada más que decir. Mis días en España han terminado.

–Os equivocáis, genovés –y la sonrisa de Cabrero se hizo todavía más grande–. En cuanto os marchasteis, la Reina fue a hablar con mi señor don Fernando sobre vuestro asunto. No sé bien qué le contó; pero lo cierto es que mi señor me llamó enseguida y me mandó ir a buscaros. Colón, tengo buenas noticias para vos. Nuestros Reyes han cambiado de opinión. Os darán todo para hacer vuestro viaje. ¡Al fin lo habéis conseguido!

Colón cerró los ojos y respiró muy profundamente, mientras en su cabeza repetía una y mil veces aquellas maravillosas palabras: «Al fin lo habéis conseguido..., al fin lo habéis conseguido». Por fin el viaje podía empezar.

V

EN el salón de una casa de Palos varios hombres hablaban sin parar, sentados delante de una gran mesa. En el centro, fray Antonio de Marchena escribía sobre un papel los nombres que los otros le decían.

Al fondo de la habitación, lejos de todo ruido, se encontraba Cristóbal Colón, mirando hacia la calle por una estrecha ventana. Parecía estar esperando a alguien.

–¿Cuándo va a venir ese hombre? –preguntó de repente a fray Antonio.

–Tranquilo, Cristóbal –contestó el fraile–. No tardará.

–¿Cómo puedo estar tranquilo? Hace un mes que llegué a Palos, y todavía no tengo marineros. Nadie de estos puertos quiere venir conmigo. ¿Cómo voy a convencerlos? ¿Cómo puedo tener los barcos preparados antes del invierno?

–Martín Alonso Pinzón[43] es la persona a la que necesitamos –contestó fray Antonio–. Es el piloto más famoso de estas tierras. Si él te acompaña, todos irán contigo.

En ese mismo momento alguien entró en la habitación.

–¡Hombre! Por fin habéis venido.

Fray Antonio y Martín Alonso se saludaron amablemente, y luego el fraile le presentó a Colón.

–No perdamos tiempo –dijo rápidamente el genovés–. Pinzón, tengo algo muy importante que proponeros.

Los tres hombres se sentaron, mientras los otros salían de la habitación. Durante largo rato, Pinzón estudió el proyecto que Colón le presentaba. Pero pronto empezaron los problemas; las explicaciones de Colón no convencían al marinero español. Los dos discutían; Colón le repetía una y otra vez que los Reyes estaban de acuerdo con su plan.

–Pero no son los Reyes quienes tienen que viajar en vuestro barco, sino mi gente –contestó Martín Alonso–. Y yo no puedo enviarlos a una muerte segura.

Fray Antonio se había levantado y paseaba por la habitación. Entonces llamó a Colón y le habló en voz baja.

–Tienes que enseñarle el mapa.

Colón comprendió que el fraile tenía razón. Necesitaba urgentemente hombres para sus barcos y no había otra solución. Y así fue como Pinzón conoció el secreto de Colón. Después de estudiarlo, el piloto español salió fuera de la casa, donde lo esperaban los marineros de Palos.

Sus palabras llegaron fácilmente al corazón de aquellos hombres, que lo escuchaban en silencio. Les dijo que aquel viaje era la aventura más grande de todos los tiempos, y que al otro lado del mar los esperaban las ricas y maravillosas tierras de Asia. Y Colón se dio cuenta entonces de que fray Antonio tenía razón: para convencer a los marineros bastaba con convencer a Pinzón.

Cuando cayó la noche eran muchos los hombres que habían llegado a la casa de Palos. Uno detrás de otro, decían su nombre a fray Antonio, que lo escribía en un papel.

En unas pocas semanas iban a salir en tres pequeños barcos hacia el final de aquel enorme mar.

* * *

Cinco días antes de empezar el viaje Colón decidió volver a Córdoba para despedirse de Beatriz y de su hijo. «Todo ha cambiado tanto desde la última vez que estuve aquí», pensó, mientras andaba por las calles de la ciudad.

Llegó a la casa de los Enríquez y llamó a la puerta. Le abrió una chica muy joven que le dijo que Beatriz no estaba en casa. Había salido y no iba a volver hasta la noche. En ese momento apareció un niño pequeño, que bajaba lentamente las escaleras. Colón se acercó a él y lo cogió entre sus brazos para besarlo.

–¿Cómo te llamas, chiquillo?

–Hernando. ¿Y quién eres tú? –preguntó el niño.

Cuando la muchacha oyó el nombre de Cristóbal Colón, dio un grito e intentó quitarle al niño de los brazos.

–¡Vos no podéis estar aquí! –le dijo–. Si mi hermano Rodrigo descubre que habéis estado aquí, me matará.

–No te preocupes –contestó Cristóbal–. Solo he venido para despedirme de mi hijo.

Durante algunos minutos Colón habló con el pequeño Hernando. La chica se quedó a su lado sin saber qué hacer. Al fin, Cristóbal tomó a su hijo en sus brazos, lo besó y, dejándolo en el suelo otra vez, dijo a la hermana de Rodrigo:

–No puedo esperar hasta esta noche. Dile a Beatriz que he estado aquí, y dale esto, por favor.

Colón puso en su mano un bolsito lleno de dinero. La muchacha lo cogió sorprendida.

–Así verá que no me he olvidado de ella. Dile también que al fin lo he conseguido y que salgo de viaje. Pero que volveré. Ella lo entenderá.

Cristóbal dejó aquella casa con una sonrisa en los labios y una sola idea en la cabeza: volver a Córdoba rico y famoso, como un día le prometió a Beatriz.

* * *

Como cada año, el día 2 de agosto, la gente de Palos organizaba una gran fiesta. Pero aquel año de 1492 era, desde luego, una ocasión muy especial: a la mañana siguiente los tres barcos de Colón iban a salir hacia las Indias.

Cuando llegó la tarde, los hombres y las mujeres de Palos tomaron el camino hacia el monasterio de La Rábida. Iban con flores en las manos, cantando canciones que llenaban el aire de aquella tarde de verano. En la iglesia del monasterio los frailes los esperaban.

La última luz del día entraba por las ventanas del viejo edificio, pintando sus cristales con mil colores distintos. Todos juntos repetían en voz baja las palabras que fray Antonio leía en un pequeño libro; y, al mismo tiempo, todos pensaban en los hombres que mañana iban a dejar su pueblo, sus familias y sus trabajos, para vivir aquella peligrosa aventura. También los marineros sentían un miedo extraño en el fondo de sus corazones. ¿Y si aquel genovés estaba equivocado? ¿Y si, como habían creído hasta entonces, no había tierra alguna al otro lado del mar? La sombra de la muerte cruzaba por sus caras mientras miraban hacia la Virgen de La Rábida[44], pidiéndole ayuda para el viaje.

Durante toda la noche las mujeres de los marineros se quedaron despiertas con los frailes en la iglesia. Poco antes de salir el sol, volvieron lentamente al pueblo y fueron hasta el puerto. Allí esperaban los tres barcos de Colón: la *Pinta*, la *Niña* y la *Santa María*. En este último se encontraba el genovés desde hacía varias horas. Allí observaba cómo los hombres subían y bajaban de los barcos, llevando grandes cajas con todo lo necesario para el viaje: mucha comida y agua.

Cuando el sol apareció en el cielo ya estaba todo preparado. La hora de salir había llegado al fin.

Los marineros bajaron a tierra por última vez para despedirse de sus familias y amigos. Las mujeres lloraban amargamente; muchas estaban convencidas de que nunca más iban a ver a sus maridos con vida. También Colón bajó del barco; solo él parecía alegre y tranquilo en aquel momento tan especial. A su lado se encontraba fray Antonio de Marchena, su gran amigo.

–Tú me ayudaste desde el día que vine a esta tierra –recordó Colón al amable fraile–. Gracias a ti, este viaje se ha hecho posible. Nunca, nunca te olvidaré.

–Yo tampoco te olvidaré, Cristóbal –contestó fray Antonio–. Sé muy bien que Dios te ha elegido para esta maravillosa aventura. Con su ayuda llegarás a Asia. Y pronto volveremos a vernos, para recordar juntos los viejos tiempos.

Los dos se despidieron casi llorando.

En los barcos ya estaban los hombres, listos para empezar el viaje. Colón subió a la *Santa María* entre los gritos de adiós de la gente de Palos.

Los barcos salieron al mar y los marineros vieron cómo, lentamente, desaparecía el puerto. Colón, mirando hacia el oeste, pensaba en aquel marinero que había muerto en sus brazos mientras le daba un viejo mapa. Y se acordaba también de aquella noche de invierno, cuando él y Diego llegaron a La Rábida; y de las risas de los grandes señores cuando aparecía por la corte con sus ropas rotas y sucias; y de un castillo vacío bajo la lluvia, donde por primera vez Beatriz le dio su amor... Hasta que también los recuerdos se perdieron en la niebla de la mañana, la mañana en que Cristóbal Colón fue a buscar su sueño más querido, al otro lado del mar.

Los recuerdos se perdieron en la niebla de la mañana, la mañana en que Cristóbal Colón fue a buscar su sueño más querido, al otro lado del mar.

Epílogo

LA verdadera aventura de Cristóbal Colón no empezó hasta el domingo 9 de septiembre, cuando los tres barcos vieron por última vez las islas Canarias.

Colón había hablado de viajar setecientas cincuenta leguas[45] hacia el oeste, antes de volver a España; eso había prometido a sus marineros. Pero aquellos hombres no supieron en ningún momento cuánta distancia recorrían[46] cada día.

El lunes 1 de octubre fueron setecientas siete leguas. En el mapa del viejo piloto aparecían unas pequeñas islas en este punto, pero no encontraron ninguna de ellas.

El miércoles pensó Colón que habían dejado atrás la isla de Cipango, y decidió seguir hacia delante, siempre al oeste, para encontrar la costa de Asia.

En la tarde del 6 de octubre, los marineros de su barco, la *Santa María*, se rebelaron[47] contra Colón, pidiendo volver a España. Solo después de muchas horas de hablar, Martín Alonso Pinzón consiguió convencerlos para seguir.

Pero tres días más tarde, Pinzón ya no pudo hacer nada: casi no quedaba agua ni comida; todos los marineros querían volver a España. El genovés decidió hablar claro entonces. Él era el único que sabía que habían recorrido más de mil leguas y así lo dijo. Sí, había mentido, pero solo pedía tres días más. Porque tenía que haber tierra ya muy cerca de allí.

Durante las horas siguientes viajaron hacia el suroeste[48] siguiendo a un grupo de pájaros. Y por fin, a las dos de la mañana del 12 de octubre de 1492, el marinero Rodrigo de Triana gritó: «¡Tierra...!».

* * *

Colón viajó tres veces más a aquellas tierras que él llamaba las Indias, pues siempre creyó que en verdad había llegado a Asia. Durante estos viajes (1493-1496, 1498-1500 y 1502-1504), buscó los lugares que Toscanelli describía en sus cartas, sin darse cuenta de que había llegado a un nuevo continente[49].

Fueron años tristes para el genovés. Otros españoles empezaban a llegar a América, y muchos de ellos no querían a Colón como gobernador. Uno a uno perdió los privilegios que los Reyes le habían dado después de su primer viaje. Él siempre había querido dejarlos a sus hijos: nunca lo consiguió, y aquello hizo muy amargos los últimos años de su vida.

Viejo y enfermo, cansado de aquel Nuevo Mundo que se olvidaba de él, Cristóbal Colón volvió por última vez a España en noviembre de 1504. Algunos meses después, el 21 de mayo de 1506, moría en Valladolid el hombre que, con su aventura, había cambiado la historia del mundo.

ACTIVIDADES

Antes de leer

1. ¿Cuáles de estos personajes históricos crees que están directamente relacionados con el descubrimiento de América? Señálalos.

1 Isabel I la Católica.	**2** Fernando II el Católico.	**3** Juan II el Perfecto.	**4** Martín Alonso Pinzón.

5 Fray Juan Pérez.	**6** Fray Antonio de Marchena.	**7** Paolo dal Pozzo Toscanelli.	**8** Alonso Sánchez de Huelva.

2. Relaciona ahora estos textos con los personajes históricos de la actividad anterior.

   a. Navegante y explorador español que navegó con Cristóbal Colón en su primer viaje al Nuevo Mundo, en 1492, como capitán de una de las carabelas. Ha pasado a la historia como uno de los codescubridores de América.

b. Fue un marinero y navegante del siglo XV. Su existencia real no está probada. Se dice que había llegado a América antes que Cristóbal Colón en 1492, y que fue él quien le proporcionó a Colón el secreto de la ruta.

c. Matemático, astrónomo y cosmógrafo italiano. Fue el primero en hablar sobre la posibilidad de llegar a Asia navegando hacia el oeste.

d. Reina de Castilla desde 1474 hasta 1504 y reina consorte de Aragón desde 1479. A pesar de las muchas críticas de la corte y los científicos, decidió apoyar el proyecto de Cristóbal Colón.

e. Fue rey de Aragón y de Castilla y marido de Isabel I la Católica. Apoyó la aventura de Colón que llevó al descubrimiento de América.

f. Fue rey de Portugal desde 1481 hasta 1495. Renunció a financiar el proyecto de Colón para llegar a Las Indias navegando a través del Océano Atlántico.

g. Religioso franciscano español, protector de Colón, fue quien convenció a Isabel I, de la que había sido su confesor, para que apoyase el proyecto del navegante genovés.

h. Fraile del convento de La Rábida, tenía gran interés por la astronomía. Conoció a Colón en el monasterio de La Rábida cuando este buscó allí alojamiento a su vuelta de Portugal. Parece que el fraile habló con Colón de una ruta por el oeste para llegar a Oriente. Amigo de fray Juan Pérez, intervino decisivamente a favor de Colón y su proyecto poniéndole en contacto con Martín Alonso Pinzón para lograr completar la tripulación.

3. La historia que vas a leer describe un periodo importantísimo en la vida de Cristóbal Colón. Marca la opción que creas correcta.

¿Qué sabes de Colón?

a. Era un marinero de origen *español/portugués/genovés*.

b. Concibió un proyecto para navegar hasta Cipango (el actual Japón) navegando hacia *Occidente/Oriente*.

c. Después de que su proyecto fuera rechazado por distintos monarcas de la época, decidió presentarlo a la reina de *Castilla/Cataluña/Francia*.

d. Tras conseguir financiación para su viaje, partió el 3 de agosto de *Cádiz/Sevilla/Palos de la Frontera* en *1492/1496/1491*. Unos meses más tarde, el 12 de octubre, uno de sus marineros gritó «Tierra...» al ver la costa de la isla de *Japón/San Salvador/Cuba*.

e. A lo largo de su vida realizó *tres/cuatro/dieciséis* viajes a América.

4. El relato que vas a leer se centra en el episodio de la biografía de Colón antes del inicio del viaje que le llevaría a América. ¿Cuál crees que puede ser el secreto que guarda Colón? Apunta algunas ideas.

| Su vida amorosa | Su relación con los Reyes Católicos | Su proyecto de viaje a las Indias |

Puede ser un secreto relacionado con _____

porque _____

_____

_____

_____

_____

Durante la lectura

Prólogo

5. Lee el prólogo de la novela para añadir más información al mapa de la página 4. Para ello:

• Sombrea en color verde el nombre del imperio que en la época tenía el dominio de las rutas comerciales entre Europa y Asia.

• Traza una línea para señalar la ruta por la que el reino de Portugal había decidido llegar hasta Asia.

6. Observa la línea de la ruta realizada por los tres barcos de Colón en 1492. ¿Crees que llegaron al destino que Colón había planeado? ¿Con qué tierras se encontraron en su camino?

7. Con los datos que aparecen en el prólogo completa los datos que faltan en esta ficha sobre el libro que vas a leer.

Título: _____
Género: *relato de ficción/novela histórica/biografía*
Protagonista: _____
Los hechos que se narran ocurren entre _____ y _____.
Sinopsis:
En la novela se trata de responder a estas preguntas:
- ¿Quién era de verdad Cristóbal Colón, y qué esperaba conseguir con ese viaje?
- ¿Cómo tuvo la original idea de llegar a Asia por el oeste?
- ¿Por qué conocía tan bien el camino que debía seguir?
- ¿Por qué lo ayudaron los Reyes Católicos después de tantos años sin querer escucharlo?

Capítulo I

8. ① Escucha el principio del capítulo y señala si los datos recogidos en estos apuntes sobre Colón son verdaderos o falsos. Corrige la información falsa.

Apuntes sobre la biografía de Colón

a. La historia documentada de Cristóbal Colón comienza hacia 1476 cuando, víctima de un naufragio, llega a las costas portuguesas.

b. Una vez repuesto del naufragio se traslada a Cabo Verde donde se reúne con su hermano Bartolomé.

c. La teoría que manejan los historiadores es que Cristóbal Colón era hijo de un comerciante genovés que había tenido siempre mucho dinero y que había podido dejar a sus hijos muchas propiedades.

d. Cristóbal Colón contrajo matrimonio con Felipa Moniz, a la que había conocido gracias a su hermano Bartolomé.

e. Casado ya con Felipa Moniz, se traslada a la isla de Puerto Santo, al norte de Cabo Verde, donde nacen dos de sus hijos.

9. Ahora lee el principio del capítulo y corrige tus respuestas.

10. Lee ahora el final del capítulo y completa la siguiente información sobre la teoría de un marinero que había llegado a América mucho antes que Colón.

    a. Una teoría sostiene que Colón antes de su viaje pudo oír hablar de la existencia de tierras hacia _____ mucho más cercanas a Europa de lo que entonces se suponía que estaba Asia.

    b. En 1478, cuando Colón vive en Lisboa, aloja en su casa a un marinero moribundo. Este marinero es el único superviviente de la _____, una embarcación que se había perdido en el mar años antes.

    c. El náufrago le relata a Colón que a la altura de _____, los vientos hacen que la *Santa Susana* navegue hacia el oeste.

    d. Tras _____ días de navegación, los marineros de la *Santa Susana* alcanzaron tierra en el Atlántico.

    e. El náufrago le cuenta a Colón que él había sido el _____ de la *Santa Susana*.

    f. Antes de morir, el náufrago le revela a Colón el secreto de la *Santa Susana* y le entrega un _____ en el que está dibujada la ruta del viaje que hizo el barco.

    g. Colón deduce que el náufrago que acaba de morir se llama _____ porque su nombre está escrito en una de las cartas que encontró en su abrigo.

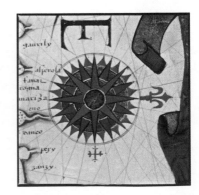

Capítulo II

11. (2) Escucha el principio del capítulo y contesta a estas preguntas.

   a. ¿Quién ayuda a Colón a idear su proyecto? ¿Quién es la única persona del entorno de Colón que ha visto el mapa de Alonso Sánchez de Huelva?

   b. ¿Qué les hace pensar a los hermanos Colón que la historia de Alonso Sánchez de Huelva puede ser cierta?

   c. ¿Qué secreto sobre cómo hacer el viaje guardan los dos hermanos?

12. Ahora lee el principio del capítulo y corrige tus respuestas.

13. El proyecto de Colón contenía varios errores. Relaciona la siguiente información para descubrirlos.

Lo que creía Colón	Lo que no sabía
a. Pensaba que la Tierra tenía una circunferencia de 29 000 km.	1. Para llegar desde Occidente hasta Oriente hay que sortear el continente americano.
b. Sostenía que desde las Canarias hasta Cipango (Japón) debía haber 2400 millas.	2. La Tierra tiene una circunferencia de 40 075 km.
c. Creía que navegando desde Occidente hasta Oriente encontraría pequeñas islas en el camino.	3. Desde las islas Canarias hasta Japón hay 10 700 millas, el triple de lo que Colón había imaginado.

14. En la segunda parte del capítulo se habla de dos desgracias que le ocurren a Colón. Lee estos comentarios, ¿a qué desgracias se pueden referir? Luego lee para comprobar.

   a. «Decidle que su plan no nos interesa por el momento.»

   b. «Colón volvió muy despacio hacia la habitación, mientras sus ojos, rojos de tanto llorar, se despedían por última vez del cuerpo de…»

15. ¿Qué razones argumentan los consejeros de Juan II, rey de Portugal, para rechazar el proyecto de Colón? ¿Sus razones son lógicas? ¿Por qué?

Capítulo III

16. **3** Fíjate en la ilustración de la página 24. Después escucha el principio del capítulo e intenta responder a estas preguntas.

   a. ¿Con quién está Colón en la imagen?

   b. ¿Quién es ese hombre?

   c. ¿Dónde están? ¿Cuánto tiempo se va a quedar Colón allí?

   d. ¿Qué secreto va a compartir Colón con el hombre de la imagen?

   e. ¿A qué le va ayudar a Colón?

17. Ahora lee el principio del capítulo y corrige tus respuestas.

18. Estos son los hechos que se narran en la segunda parte del capítulo. Intenta ordenarlos cronológicamente y luego lee para comprobar tus respuestas y ampliar la información.

   a. Los hermanos Colón viajan hasta Córdoba para defender su proyecto ante los Reyes Católicos. ◯

   b. Colón se instala a vivir en Córdoba. ◯

   c. Cristóbal Colón escribe a su hermano desde Salamanca para contarle que está presentando su proyecto a los Reyes Católicos. ◯

   d. En Córdoba, Cristóbal Colón conoce en una fiesta a Beatriz Enríquez, una joven muy hermosa de la que se enamora. ◯

e. Colón le confiesa a Beatriz Enríquez que la quiere, pero que nada le apartará de su proyecto. ◯

f. Cristóbal Colón le cuenta en la carta a su hermano que necesita su ayuda para convencer a los sabios de la corte. ◯

Capítulo IV

19. ④ Escucha el principio del capítulo y averigua la información que está borrosa en este fragmento del diario de Colón.

Querido diario:

A ti te escribo desde Córdoba porque eres de los pocos que siguen creyendo en mí. Los últimos meses los he pasado en (a) _____, esperando una respuesta de la corte del rey (b) _____. Los científicos de la corte han desestimado finalmente mi proyecto. Un marinero, (c) _____, ha conseguido dar la vuelta a África y los portugueses ya disponen de una nueva ruta para llegar a Asia. ¡Mi sueño me consume! Mientras esperaba la respuesta de los portugueses nació mi hijo, pero no he podido ir a conocerlo hasta hoy. Su madre, (d) _____, me ha echado de la casa donde vive con su (e) _____, Rodrigo de Arana. No quiere verme si no renuncio a mi proyecto. Y bien sabe Dios que eso no es posible... Me estoy quedando sin familia por un sueño... Mi hijo (f) _____ está en (g) _____ con sus (h) _____. Mi único apoyo sigue siendo mi hermano Bartolomé y yo mismo...

20. Ahora lee el principio del capítulo y corrige tus respuestas.

21. Continúa la lectura del capítulo para averiguar qué papel tienen en esta historia estos personajes y contesta a estas preguntas.

Fray Juan Pérez

a. ¿Cómo conoce a Colón?

b. ¿Cómo se entera de los detalles de su proyecto?

c. ¿Cree en el proyecto de Colón? ¿Por qué?

d. ¿Cree que puede ser un proyecto interesante para los Reyes Católicos? ¿Por qué?

e. ¿Qué consigue para Colón?

Isabel la Católica

a. ¿Antes de la entrevista de 1491 había tenido noticias de Colón? ¿Qué sabía de él?

b. ¿Por qué los Reyes Católicos se habían negado hasta ahora a financiar el proyecto de Colón?

c. ¿Qué argumentos nuevos utiliza Colón para convencer a la reina? ¿Lo consigue?

d. ¿Qué comentario de Colón pudo hacer cambiar a la reina de opinión? Búscalo en el texto.

Capítulo V

22. (5) Escucha el principio del capítulo. ¿Cuál de estos resúmenes se corresponde con lo que se cuenta en esta parte de la historia?

(a) Colón lleva en Palos más de un mes reclutando marineros. Sabe que sin Martín Alonso Pinzón no puede conseguirlo. Para convencerlo, le enseña los planos de navegación que él ha diseñado y le otorga el puesto de comandante de las naves. Cuando ya tiene fecha prevista para el viaje, va a la casa de Beatriz Enríquez para despedirse de su hijo.

b Colón está desanimado porque, aunque ha conseguido el apoyo de los Reyes, no consigue marineros que quieran embarcarse en su aventura. Solo hay una persona que puede ayudarle, el marinero Martín Alonso Pinzón, al que se ve obligado a enseñarle el mapa del marinero de la *Santa Susana*. Con su ayuda consigue finalmente todo lo que necesita para viajar. Antes de partir va a casa de Beatriz Enríquez a despedirse de su hijo y a entregar a su madre una bolsita de dinero. Su sueño es regresar convertido en un hombre rico.

c Colón no puede conseguir marineros hasta que su amigo fray Antonio de Marchena consigue convencer a Pinzón de embarcarse en el proyecto. Finalmente, antes de partir en su viaje a tierras desconocidas, se despide de su hijo Hernando y de Beatriz Enríquez para la que lleva una bolsa de dinero.

23. Lee ahora el principio del capítulo y corrige tus respuestas.

24. Completa ahora la lectura del capítulo para contestar a estas preguntas.

   a. ¿En qué fecha salieron del puerto de Palos de la Frontera los barcos de Colón?

   b. ¿En cuántos barcos salieron Colón y todos los marineros? ¿Qué nombre tenía cada uno de esos barcos?

   c. ¿En cuál de los barcos viajaba Colón?

   d. De todos los personajes mencionados en este capítulo, ¿quién tiene más confianza en el éxito del proyecto de Colón (los marineros, las mujeres de los marineros, fray Antonio de Marchena…)? ¿Por qué?

Epílogo

25. (6) Antes de leer el epílogo, escúchalo y señala en el mapa de la página 4 los acontecimientos más importantes del primer viaje de Cristóbal Colón. Apunta en el mismo:

- La fecha en la que los marineros parten de las islas Canarias.

- El lugar aproximado donde se encuentran las embarcaciones y la distancia que hasta ese momento han recorrido el día 1, 6 y 12 de octubre de 1492.

26. Lee ahora el epílogo para responder a estas preguntas.

   a. ¿Supo Colón antes de morir que había descubierto un nuevo continente?

   b. ¿Cómo fueron los últimos años de la vida de Colón? ¿Por qué?

Después de leer

27. El relato que acabas de leer es una novela histórica. Documéntate sobre la biografía de Cristóbal Colón y amplía la información sobre este personaje histórico. Luego, en clase, intercambia con tus compañeros las conclusiones de tu investigación.

28. La aventura de Cristóbal Colón ha inspirado a muchos pintores. Busca algunos ejemplos de cuadros y escribe una breve presentación sobre el motivo que sus autores han querido inmortalizar en ellos. Después, con todos los cuadros, organizad una exposición en la clase.

29. Cristóbal Colón dedicó toda su vida a un sueño y, a cambio, perdió casi todo lo que amaba. ¿Conoces a algún otro personaje histórico a quien le haya ocurrido algo parecido? Presenta su biografía al resto de la clase.

SOLUCIONES

1. Todos, excepto Juan II, rey de Portugal, que no quiso financiar el proyecto de Cristóbal Colón.

2. 1-d; 2-e; 3-f; 4-a; 5-g; 6-h; 7-c; 8-b

3. a. genovés; b. Occidente; c. Castilla; d. Palos de la Frontera; 1492; San Salvador; e. cuatro

7. Título: El secreto de Cristóbal Colón; Género: novela histórica; Protagonista: Cristóbal Colón; Los hechos que se narran transcurren entre 1475 y 1492.

8. a. verdadero; b. Una vez repuesto del naufragio se traslada a Lisboa; c. hijo de un comerciante genovés que había tenido problemas económicos; d. verdadero; e. Casado ya con Felipa Moniz, se traslada a la isla de Puerto Santo, al norte de Cabo Verde, donde nace su hijo Diego.

10. a. Occidente; b. *Santa Susana*; c. Cabo Verde; d. veinte días; e. piloto; f. mapa; g. Alonso Sánchez de Huelva

11. a. Su hermano Bartolomé Colón; b. El mapa del geógrafo Toscanelli y el mapa del piloto de la *Santa Susana* en el que trazaba un trayecto para viajar a Asia por Occidente se parecían mucho; c. La historia de haber conocido al piloto de la *Santa Susana* y el mapa de este.

13. a-2; b-3; c-1

14. a. El rey Juan II desestima el plan de Colón; b. Felipa Moniz muere de unas fiebres

15. Los consejeros de Juan II y todos los geógrafos, profesores y pilotos a los que han consultado creen que el mar es demasiado ancho entre Portugal y Asia y que ningún barco podría pasar tantos días en el mar.

16. a. Con su hijo Diego y con un fraile del monasterio de La Rábida; b. Es fray Antonio de Marchena, un fraile del monasterio. Es un gran

geógrafo y astrónomo; c. Están en el monasterio de La Rábida y se van a quedar varias semanas; d. Colón enseña a fray Antonio de Marchena el mapa que le enseñó el piloto de la *Santa Susana*; e. Le va a ayudar a que pueda presentar su proyecto a los reyes de Castilla.

18. 1. Cristóbal Colón escribe a su hermano desde Salamanca para contarle que está presentando su proyecto a los Reyes Católicos; 2. Cristóbal Colón le cuenta en la carta a su hermano que necesita su ayuda para convencer a los sabios de la corte; 3. Los hermanos Colón viajan hasta Córdoba para defender su proyecto ante los Reyes Católicos; 4. Colón se instala a vivir en Córdoba; 5. En Córdoba, Cristóbal Colón conoce en una fiesta a Beatriz Enríquez, una joven muy hermosa de la que se enamora; 6. Colón le confiesa a Beatriz Enríquez que la quiere, pero que nada le apartará de su proyecto.

19. a. Lisboa; b. Juan II; c. Bartolomé Dias; d. Beatriz Enríquez; e. primo; f. Diego; g. Huelva; h. tíos

21. Fray Juan Pérez: Conoce a Colón en el monasterio de La Rábida, cuando Colón va a visitar a fray Antonio de Marchena. Se entera de los detalles del proyecto y del secreto de Colón porque escucha la conversación entre Colón y el fraile Antonio de Marchena. Cree en el proyecto de Colón porque sabe que la historia del marinero es cierta. Cree que es una oportunidad para los Reyes Católicos de conseguir posicionamiento internacional en el dominio de las rutas comerciales internacionales. Consigue una entrevista de Colón con la reina Isabel la Católica.

Isabel la Católica: Había tenido noticias del proyecto de Colón años antes, cuando los consejeros de la corte estudiaban la viabilidad del proyecto de Colón. La reina atribuye las negativas anteriores de los reinos de Castilla y de Aragón a financiar el proyecto de Colón a que este se basa en cálculos falsos. Sin embargo, ella cree que Colón tiene más información que avala su proyecto y que está ocultando. Para convencer a la reina, Colón le habla de la historia del marinero de la *Santa Susana*, le cuenta también que tiene una invitación del rey de

Francia para exponerle su proyecto. El comentario de Colón que pudo hacer cambiar de opinión a la reina es el siguiente: «También es la última ocasión para España. El rey de Francia me ha invitado amablemente a su país. Sé que no tendrá tantos problemas como los españoles para creerme».

22. b

24. a. El 3 de agosto de 1492; b. Salieron en tres carabelas: la *Pinta*, la *Niña* y la *Santa María*; c. Colón viajaba en la *Santa María*; d. Fray Antonio de Marchena es quien más confía en el éxito del proyecto de Colón, cree que Dios le ha elegido para ese proyecto.

25. Los marineros parten de las islas Canarias el 9 de septiembre; el 1 de octubre habían recorrido setecientas siete leguas; el 6 de octubre habían recorrido más de mil leguas; el 12 de octubre llegaron a la isla de San Salvador.

26. a. No, murió creyendo que había descubierto una nueva ruta hacia las Indias; b. Los últimos años de su vida fueron complicados. Atravesó muchas dificultades porque los españoles que se instalaban en las tierras conquistadas no le querían como gobernador. Fue perdiendo poco a poco los privilegios que había conseguido de los Reyes Católicos. Regresó a España en noviembre de 1504 y murió en Valladolid unos meses después.

NOTAS

Estas notas proponen equivalencias o explicaciones que no pretenden agotar el significado de las palabras y expresiones siguientes, sino aclararlas en el contexto de *El secreto de Cristóbal Colón.*

m.: masculino, *f.:* femenino, *inf.:* infinitivo.

El secreto de Cristóbal Colón: un **secreto** *(m.)* es una cosa que solo conocen unas pocas personas, que no se dice ni enseña al resto de la gente.

[1] **Imperio turco** *m.:* conjunto de pueblos y tierras que estaba bajo la autoridad del sultán, el más poderoso de los reyes turcos. El Imperio turco se extendía, en Europa, sobre territorios mucho más amplios que los de la Turquía actual.

[2] **costa** *f.:* zona de tierra cerca del mar o en contacto con él.

[3] **dio la vuelta** (*inf.:* **dar la vuelta**): siguió la costa hasta la punta sur de África, y allí giró alrededor de ella, encontrándose entonces en otra dirección.

[4] **reyes españoles** *m.* (*m.:* **rey**; *f.:* **reina**): el rey Fernando de Aragón (1452-1516) y la reina Isabel de Castilla (1451-1504) son conocidos como los **Reyes Católicos.** Se casaron en 1469 y unieron sus reinos en 1479, lo que facilitó la unidad de España.

[5] **Tierra** *f.:* planeta en el que habita el hombre.

[6] **distancia** *f.:* espacio que hay entre dos lugares.

[7] **marinero** *m.:* hombre que trabaja en un barco.

[8] **existencia** *f.:* hecho de **haber existido**; de haber vivido, de haber sido real.

[9] **historiadores** *m.:* personas que se dedican a la historia (ciencia que estudia el pasado del hombre) y que escriben sobre ella.

[10] **respiraba** (*inf.:* **respirar**): cogía y echaba aire por la nariz y la boca; estaba vivo todavía.

[11] **pescadores** *m.:* personas que, como forma de trabajo, cogen peces u otros animales que viven en el agua.

[12] **hermosa:** muy bonita, de gran belleza.

[13] **geógrafo** *m.:* persona que se dedica a la geografía, que es la ciencia que estudia la descripción de la **Tierra** (ver nota 5) en su aspecto físico.

[14] **Génova:** importante ciudad de Italia, de donde se piensa que era Cristóbal Colón.

[15] **isla** *f.:* tierra en medio del mar.

[16] **gobernador** *m.:* jefe superior de una ciudad o territorio.

[17] **ruta** *f.:* camino que se sigue o se piensa seguir en un viaje.

[18] **nació** (*inf.:* **nacer**): empezó a vivir.

[19] **Ahora tenéis que descansar: ahora tiene que descansar.** El verbo en segunda persona del plural referido a una sola persona es marca de una forma de tratamiento antigua y señal de respeto. Como pronombre sujeto o después de una preposición, en vez de **usted**, se usaba **vos**. En lugar de los complementos **la**, **lo** y **le** se usaba **os**; y en lugar de los posesivos correspondientes eran los de la segunda persona del plural: **vuestro** en vez de **suyo**, etc.

[20] **Cibao:** cadena de montañas en el centro de la isla de Santo Domingo.

[21] **piloto** *m.:* persona que conduce un barco.

[22] **Toscanelli (Paolo dal Pozzo):** famoso **astrónomo** (ver nota 36), físico, matemático, **geógrafo** (ver nota 13) y médico italiano (1397-1482). Después de leer los relatos de Marco Polo, tuvo la idea de que había un camino más corto a Asia por Occidente. Escribió en este sentido al portugués Fernando Martins, mandándole un mapa donde lo explicaba. Parece ser que Colón oyó hablar de las ideas de Toscanelli y se puso en contacto con él.

[23] **Cipango:** antiguo nombre de Japón.

[24] **rey Juan II:** (1455-1495) rey de Portugal. En 1494 firmó con los **Reyes Católicos** (ver nota 4), don Fernando y doña Isabel, el Tratado de Tordesillas, que repartía entre España y Portugal las nuevas tierras descubiertas.

[25] **corte** *f.:* el rey, su familia y los nobles que los acompañan y los ayudan; también, lugar donde habitualmente viven.

[26] **proyecto** *m.:* conjunto de estudios, escritos, **cálculos** (ver nota 33), dibujos y mapas donde se explica la manera de hacer una cosa.

[27] **palacio** *m.:* casa muy rica y grande donde vive un rey o un personaje importante.

[28] **ministro** *m.:* persona importante que ayudaba al rey, ocupándose de los asuntos políticos o económicos del país.

[29] **Da Silva:** único personaje inventado por el autor, para presentar y resumir de forma novelesca las ideas y opiniones de los hombres que aconsejaban al rey de Portugal.

[30] **Majestad:** título que se da a los reyes. El adjetivo posesivo que lo acompaña es el de tercera persona: **su Majestad** (en plural: **sus Majestades**).

[31] **Consejo** *m.:* conjunto de personas, de **ministros** (ver nota 28) entre otras, reunidas para estudiar asuntos políticos o económicos importantes y decidir sobre estos.

[32] **privilegios** *m.:* derechos especiales, permiso para hacer o tener cosas que los demás no pueden hacer ni tener.

[33] **cálculos** *m.:* operaciones matemáticas que se realizan para encontrar un número o cantidad; aquí, las necesarias para un **proyecto** (ver nota 26).

[34] **monasterio** *m.:* edificio donde viven en comunidad los **frailes** (ver nota 35).

[35] **fraile** *m.:* hombre que pertenece a alguna orden religiosa. **Fray** *(m.)* es otra forma de la palabra **fraile**; se emplea delante del nombre de los religiosos de ciertas órdenes. **Padre** *(m.)* es el tratamiento que se da a los curas y a algunos religiosos.

[36] **astrónomo** *m.:* persona que se dedica a la astronomía, que es la ciencia que estudia el Universo y los astros.

[37] **Indias** *f.:* Asia, Oriente; es el nombre puesto por Colón a las tierras americanas a las que llegó, por pensar que eran de Asia. Cuando se conoció el error, se siguió dando ese nombre a América, precisando algunas veces **Indias occidentales,** para diferenciarlas de las **Indias orientales.**

[38] **guerra** *f.:* lucha con armas entre dos o más países, o entre grupos de un mismo país. Aquí, se trata de la guerra de los **Reyes Católicos** (ver nota 4) contra los **musulmanes** (ver nota 39).

[39] **musulmanes** *m.:* pueblos del norte de África que ocuparon gran parte de España desde el año 711 después de Cristo hasta 1492. Salieron definitivamente de la península Ibérica en esa fecha, cuando los Reyes Católicos se hicieron dueños de Granada, después de diez años de **guerra** (ver nota 38) con los **musulmanes.**

[40] **Junta** *f.:* **Consejo** (ver nota 31), conjunto de personas, aquí **ministros** (ver nota 28) y científicos, reunidos por el rey para tratar un asunto de especial importancia.

[41] **castillo** *m.:* edificio grande de piedra, protegido con altas paredes construidas a su alrededor, donde durante la Edad Media (entre los años 476 y 1453) vivía un rey o un noble.

[42] **descubrió** (*inf.:* **descubrir**): conoció, se enteró de algo que no sabía, que estaba escondido, secreto; también, más adelante, **descubrir** es encontrar algo que no se conocía.

[43] **Martín Alonso Pinzón: marinero** (ver nota 7) español, nacido en Palos de la Frontera (1440-1493). Fue **piloto** (ver nota 21) de la *Pinta* en el primer viaje de Colón. Su hermano **Vicente Yáñez Pinzón** condujo la *Niña* en ese mismo viaje.

[44] **Virgen de La Rábida** *f.:* en los países católicos, la Virgen María, madre de Jesucristo, recibe muchos nombres distintos y es tradicional rendir culto a una Virgen en particular, según las regiones, ciudades, pueblos e incluso barrios. Así, la Virgen de La Rábida, situada en el **monasterio** (ver nota 34) del mismo nombre, es especialmente venerada en el pueblo de Palos de la Frontera.

[45] **leguas** *f.:* antigua unidad utilizada para medir **distancias** (ver nota 6). La **legua** equivale a 5555 metros y 55 centímetros.

[46] **recorrían** (*inf.:* **recorrer**): adelantaban en su viaje.

[47] **se rebelaron** (*inf.:* **rebelarse**): dijeron que ya no querían obedecer. La **rebelión** (*f.*) es el hecho de rebelarse, de ponerse en contra de la(s) persona(s) que manda(n).

[48] **suroeste:** punto del horizonte situado entre el sur y el oeste.

[49] **continente** *m.:* cada una de las seis grandes partes en que se divide la Tierra: Europa, Asia, África, América, Oceanía y la Antártida.